詩雲一片

徐建平◎著

黄河出版传媒集团
阳光出版社

图书在版编目（CIP）数据

诗云一片 / 徐建平著. -- 银川：阳光出版社，2021.4

ISBN 978-7-5525-5850-0

Ⅰ. ①诗… Ⅱ. ①徐… Ⅲ. ①诗集-中国-当代 Ⅳ. ①I227

中国版本图书馆 CIP 数据核字（2021）第 069752 号

诗云一片　　徐建平 著

责任编辑　杨　皎
封面设计　徐建平
责任印制　岳建宁

黄河出版传媒集团
阳光出版社　出版发行

出 版 人　薛文斌
地　　址　宁夏银川市北京东路 139 号出版大厦（750001）
网　　址　http://www.ygchbs.com
网上书店　http://shop129132959.taobao.com
电子信箱　yangguangchubanshe@163.com
邮购电话　0951-5014139
经　　销　全国新华书店
印刷装订　四川金邦印务有限公司
印刷委托书号　（宁）0020583

开　　本　880mm×1230mm　1/32
印　　张　10.5
字　　数　150 千字
版　　次　2021 年 5 月第 1 版
印　　次　2021 年 5 月第 1 次印刷
书　　号　ISBN 978-7-5525-5850-0
定　　价　60.00 元

集诗为云 聚情化人

吴俊忠

我有幸读到徐建平的诗集《诗云一片》，感觉眼前一亮，顿时被诗歌的美感和哲理所吸引，仿佛进入了另一种生活情景，心情豁然开朗，并产生一种要为诗人和诗集说点什么的冲动。

我和徐建平是师生，也是朋友。1995年，深圳大学中文系和暨南大学中文系合办文艺学专业研究生班，我担任班主任。徐建平是这个班的学员之一。由于他古文修养较好，说话写作颇具书生气，而且写得一笔好字，故在班上有“老夫子”之雅称。但大家对他的写诗才能却知之甚少，也从未给他戴过“诗人”的桂冠。直到2019年，研究生班举行诗歌联谊会，听到他即兴朗诵自己的原创诗歌，方知他的诗也清新脱俗，别具一格。尤其是当我读完《诗云一片》后，更觉他是一位颇具特色的当代诗人。我相信，他的诗集出版之后，一定能广为流传。

白居易曾说过：“文章合为时而著，歌诗合为事而作。”徐建平的《诗云一片》，与时代相呼应，和生活相交融，充满诗情，蕴含哲理，发人深思，催人奋进，具有鲜明的艺术特色，读后回味无穷。

富有诗味是本书的首要特色。古人云：诗歌要有诗味，要经得起咀嚼，耐得住细品，能产生“使味之者无极，闻之者动心”的艺术效果。纵观《诗云一片》，饱含诗味的佳作不胜枚举。试以《界》为例：“你是鱼/在水间/才美/我是柳/在岸边/才醉/守着彼此的界/醉美。”这首诗，把恋人或夫妻之间应该“亲密有间、保持自我”的道理，表述得既形象又深刻：你是一条独特的鱼，只有在水里才能显示美；我是一棵挺立的柳，只有在岸边，才能令人陶醉。我们只有保持各自的特性，才能让人感觉到相得益彰的醉美。这样的哲理看似简单，但却比“你中有我，我中有你”的说法要高出一层，因而对世人更有启迪意义。也正因如此，诗歌《界》的“味外之味”清晰可感，发人深思。

语句精炼是本书的又一个鲜明特色。诗歌的语言特点，与散文不尽相同，每首诗的形成都要达到“积字成句，积句成篇”的艺术效果。一字不切，全句皆弱；一句不恰，全篇皆涣。故有人说，诗歌应是“一个字一粒珍珠，一句诗一串珠链”，写诗要有“为求一字稳，耐得半宵寒”的苦功。《诗云一片》的遣词造句，可谓字斟句酌，颇见功力。试以《光阴》为例：镜前/清点得出/白发又增多少/眼角/清算不了/流光何时我抛/今天再老/也比明天少/明天再新/也没今天俏/每个今早都是妖娆/每个此时都是最好/抓紧/余下的半程船票/与天过招/与海要岛。”仔细品味这首诗，你会发现，不但诗句押韵，而且用字特别精准。“老”“少”“新”“俏”这些词相互对应，恰到好处，把“时光流逝不由人，珍惜当下最要紧，余时不管有多少，与天过招要海岛”的智慧和豪情，展现得形象生动，使人读后有恍然大悟、热血沸腾之感。我们注意到，诗人遣词造句的精微不是偶然，而是源自他对诗歌创作的理性认知和精益求精。书中有一首《语梦》，非常清晰地例证了这一点：“语不惊人死不休/词未泣神魂难酬/一语中的/一句破彀/不是原创不出口/经得起/美丽邂逅/经得起/一步两回头/经得起/一咏三叹把心揪”这首诗所表达的对“语不惊人死不休”的追求，对“不是原创不出口”的坚守，以及对“一步两回头”的执着，令人动容，让人敬佩。由此也可看出作者对诗歌创作的严谨和精致。

本书的另一个重要特色是情理交融。写诗重在抒情，但情感怎样抒发则大有讲究。纵观《诗云一片》约300首诗，抒情无处不在，却无一首是直白的就情谈情，而是把抒情和说理巧妙地融会在一起，寓情于理，情理交融。其中最有代表性的是爱情、父子情和爱国情的抒发。

爱情怎样表达为好？一直是诗人们共同关注的问题。历代诗人各显神通，留下了不少脍炙人口的佳作。《诗云一片》里的爱情诗数量不多，但都情感浓郁，蕴含哲理。试以《印痕》为例："爱的唇印/有痕无泪/挂在那时的脸上/藏在那时的心上//美的伤痕/有泪无痕/流在这时的纸上/躲在这时的脉上"全诗只有短短八句，却把爱情的甜蜜和伤痛、幼稚和成熟清晰地表现出来。单纯热烈的爱，伴随着激动的心跳，在甜蜜的亲吻中悄然而过，不会有眼泪的苦涩；而遭受过伤害的爱，则伴随着泪水和隐痛，侵入血脉，难以忘怀。真可谓爱过方知情浓，伤过才知情苦。此情此理，一首小诗包容其中，怎不令人感慨唏嘘。

书中有十多首表现父子情的诗，充分展现出浓浓的父爱和望子有为的热切期望。诗人在不经意间把情与理融会一体，使诗句既有情感的温度，又有说理的深度。在《历练》中，诗人这样写道："出门/归来/只望一路平安/披着羽毛出去/扇着翅膀归来"廖廖数语，就把送儿远行祈愿平安、望儿有为凯旋的心情，表现得一览无遗。尤其是诗句"披着羽毛出去，扇着翅膀归来"堪称佳句，若无浓情和哲思，绝然写不出这样的句子。再看另一首《寄儿——毕业寄语》："脚下耕耘/头上祥云/桃源胜景/只能/祈福于勤/不能/守株于运。”作者作为父亲，在儿子小学毕业之际，把父爱转化为理性的教育和期望，希望孩子懂得，只有一步一个脚印的辛勤耕耘，才能获得成就和荣耀，绝不能守株待兔，指望命运的恩赐。情感之浓郁，说理之深刻，跃然纸上。

诗人受我国优秀传统文化影响至深，家国情怀尤为强烈。在香港回归祖国之际，他热情洋溢地写下了《七绝·雄狮》："雄狮跃起巨龙飞/举世华人尽展眉/处处相逢道一语/今朝港岛已回归。”诗人在这首诗中所展现的爱国情怀，仿佛重塑了自己的形象。那种恩恩爱爱休休戚戚的小资色彩荡然无存，继而代之的是挥斥方遒指点江山的万丈豪情。也让我们深深地感受到“港岛如期回归，国人展眉开颜，祖国龙腾狮跃，环球同此凉热”的欢快之情。

全书共汇集诗歌约300首，形式多样，不拘一格。大多是形式较为自由的新诗，亦有少量以古诗形式呈现的七律、七绝、五绝、古风等，虽风格各异，但基调一致，并不给人以纷杂之感。诗集原拟名《诗冢》，可见，诗人原本并没有打算把这些诗结集出版，而是想埋藏在自己的记忆中慢慢咀嚼。后在友人的支持和鼓动下，方才下决心公之于世。由此，我国诗坛多了一位新人，中国新诗多了一种色彩。至于这些诗歌的高下优劣，相信读者自有公论。

是为序。

2020年6月5日

（作者系深圳大学文学院教授，曾任比较文学与比较文化研究所副所长、城市文化研究所所长、广东省比较文学研究会理事、深圳市作家协会理事、深圳市特区文化研究中心兼职研究员。）

自己的故事 自己的寓言

从 容

建平成长于多灾多难的动荡时代后期，在那些个“暗夜”里，在买了一本《汉语诗律学》就忘了食不果腹的年代，他像凿壁偷光的古代书生，如饥似渴用诗书填饱肚子。他的孤独和弱势，成全了他，精神得以出走于世俗之外，将目光投向那些伟大的声音，在与李白、李清照的对话中，找到自己的力量……

今天的少年，什么经典都可以随手读到，什么玩具都可以随时拥有，但缺少了荒芜时代的那一点“奢侈感”；缺少了吃到一顿精神饕餮的“狂喜感”。也许，因为他的童年守在宝通禅寺的旁边，使他从小就有一双“天眼”——

在《报到》里悟出：

出门躲春戒吻，心戴家祖口罩。

对《道义》的坚守：

宁可/裸成内衣/也别/披着外衣。

他《活成白菜》的营养价值：

没在/清波中画出青白/却在/浊泥中活成白菜

建平对财、色、名、闻、利，养有一种天然的克制；对文字，有一种天然的敬畏。

这一切，缘于他把诗歌当成了精神的图腾。

这图腾是他的一朵诗云，被紧紧搂在怀里，这人世间的最后一点温暖，让他的肉身和语言——找到了最后的栖息地。

2020年6月28日于美国

（作者系广东省戏剧家协会副主席、深圳市文联兼职副主席、深圳市戏剧家协会荣誉主席、中国诗歌学会理事、国家一级编剧、诗人。）

目录

海影·襟情

月影·乡情

山影·亲情

雾影风情

FENG QING

本辑图片/雾景:湖南小东江
2017 年 7 月徐建平摄

曾有一片云

曾有一片云
是你我共有的天
曾有一支烛
是你我共有的眼
曾有一块故土
是你我共有的路
曾有一个词
是你我共有的缘

而今
只有一片海
是你我共有的岸
只有一根线
是你我共有的船
只有一枚邮票
是你我共有的桥
只有一轮月
是你我共有的圆

1995.12.02

情韵

当年
我走过你的渡口
揣着一串脆脆的凝眸
绿
是你心中溢出的风流

而今
你走过我的路口
抱着一串皱皱的娇羞
黄
是我眼中落下的温柔

2020.08.07

寄伊

手
合在一起
你的缺圆
总是我的云天

心
分成两半
我的圆缺
只做你的残叶

1999.09.24 中秋节
2020.04.15 修

印痕

爱的唇印
有痕无泪
挂在那时的脸上
藏在那时的心上

美的伤痕
有泪无痕
流在这时的纸上
躲在这时的脉上

1999.12.13
2020.04.15 修

单影

孤单
影开始做伞
撑起浇透的巡游
昂首
在人群后饮泣
忍得风流
赢得低头

梦
在流浪中轻吼
心
在追逐中漂流
情
在放逐中漫游
身
在逐鹿中抖擞

1999.12.15
2020.04.16 修

横斜

你说
春风留窗
任他秋色做白霜
我说
春风导航
却见秋风赶月光
你说
月宫还在天上
疏影就在地上
我说
月色没穿身上
横斜已穿心上

2020.09.20

相顾

雨
是云海间的桥
载着晶莹的思

雪
是天地间的路
托着冰美的诉

我在云海这边
你在天地那边
可记
雨雪飘来相顾

2000.04.26
2020.04.16 修

放鱼

如果还原
你说
将我放回水中
那里有
呼吸的星空

如果
能还原
我愿回归入梦
那里有
所有的天空

2000.07.18
2020.04.16 修

界

你是鱼
在水间
才美
我是柳
在岸边
才醉
守着彼此的界
醉美

2000.07.18
2020.04.16 修

伴路

一个握手
开始牵手同走
伴了几步
才知
无法回头

想你是一块石头
绊断我的长江头
想我是一根木头
横断你的木兰舟
夙夜的长江尾
原是你的赣江口

2000.07.18
2020.04.16 修

还慰

一场晴雨
止得了叶的渴
止不了根的饥

一抹淡云
掩得去月的印
掩不去星的忆

2000.07.24

刻离

唯有梦里
还在别离

刻骨
赢得一败涂地
逃离
输得攻城略地

2000.07.24

暗影

一个后
一个前
所有能牵的线
只是一双眼

一个古
一个今
所有能画的景
只是一段情

你的眼
是我一世行吟的暗警
我的眼
是你卧底一生的暗影

2020.11.01

心缘

你问
诗歌是诗还是歌
情书是情还是书
我说
心骑上字
唇盖上词

你问
笑脸是笑还是脸
情脉是情还是脉
我说
缘藏在颜
情红在脸

你问
泪水是泪还是水
缘份是缘还是份
我说
云育着雨
冬孕着春

2000.11
2020.08 修

让路

不忍见你下注
害怕痴心成古
你本天空卷舒
春光香馥
蜂蝶追舞
我却
春风为橹
莲池出入
已给云雨让路

2000.11.27
2020.05.23 修

飞吻

休飞一口红
怕网烧个洞
逃走
一个梦
醒了
一场风

2000.11.29

醉莲

莲子
摇曳着酒盅
荷裙
曼舞着熏风
藕丝
牵挂着幽衷
醉你
只在远处清波中

2000.11
2020.04 修

慈悲

藏尽一眼的慈祥
难追
桃花流水的波光
抛尽一身的疯狂
难捉
柳絮飞扬的雪香

2020.09.19

倾

你问
倾情射向哪
倾心住何家
我说
倾心弓去情为涯
倾情箭来心做靶

2000.11

丹青歌吟

我说
我不是一幅丹青
只是悲鸣
你说
你不是一段歌吟
只是泣饮
可是
你我知道
我的丹青
蘸着你的泣饮
你的歌吟
梳着我的悲鸣

2000.11

琴瑟

（古风）

两处操琴瑟，
一春贯鹊河。
若君藏雅意，
青鸟送秋波。

2000.11 稿
2020.04.14 修

报到

（古风）

菜鸟触网签到
拄杖端茶抬轿
出门躲春戒吻
心戴家祖口罩

2000.11
2021.03.17 修

惜

珍惜你的眼
不敢走出焦点
珍惜我的颜
不敢来一次探险

2020.10.15

梦罚

黄连下来种下苦
说是
福将出土
春梦浇铸

我说
糊涂送福乱点谱
收下春里福
却是梦里苦

福变横眉眼成鼓
情长在苦
苦生在福
剥离哪有肉与骨

2000.11
2020.08修

陈酿

暗藏沉香
玉守十年气场
得来百里清香

陈年佳酿
忍住十年秀场
醉出千里醇香

春华心香
断去半世飞扬
清露滴成荷塘

2000.11.28
2020.05.14 修

腰笺

这书很薄
躲在眉边成为墙脚
篇幅
不够一次眼跳
镜头
有你一次微笑

2020.09.11

诗是一个词

秋风
秋叶
秋露
秋霜
秋
从天到地
将诗悼成一个词

不敢
与秋水对视
害怕秋波致辞
不敢
与秋云对峙
害怕秋雨题字
不敢
与秋色对诗
害怕秋韵注释
不敢
与秋眉对时
害怕秋心留渍

2000.12.01
2020.05.26 修

春秋

秋
没有横在额头
却已皱在心头
春
没有挂在枝头
却已开在笔头

春秋都已上兰舟
一个舟尾
一个船首
各占一段鳌头

2000.12.01
2020.05.24 修

花枝

写完一个人的名字
纸上流着一地的诗
画完一棵树的花枝
地上落下一纸的词

不知
名字长成花枝
还是
花枝长成名字
只知
你是
我落花的诗词

2020.09.13

千里万里

千里万里
远不出心里
云里雾里
遮不住眼里
井里坑里
困不住梦里
风里雨里
打不醒醉里

思你
用尽早春生气
望你
用尽晨光血气

2020.08.28

寄诉

那时的风物
都在黄土
那里的雨珠
也已博物
梦
唯一能寄的宠物
影
唯一能诉的始祖

2020.09.13

桃

所有
人眼的情色
只是一个
猫眼的春色
所有
梦魇的形色
只是一个
暗窥的粉色
那个
最大的劫色
只是
那时那刻
远远地
偷看了你的桃色

2020.09.14

你是我第一首词

你走了　走了
走得很远　很远
留下　所有的彩笺

你是我第一句诗
脆脆的　真真的　浅浅的
你是我第一缕丝
长长的　纤纤的　柔柔的
你是我第一片芽
新新的　嫩嫩的　怯怯的
你是我第一首词
青青的　凄凄的　纯纯的

你走了　走了
走得很静　很静
留下　所有的琴心

你是我第一张网
小小的　细细的　密密的
你是我第一段香
幽幽的　郁郁的　羞羞的

你是我第一滴蜜
稠稠的　甜甜的　醇醇的
你是我第一层霜
白白的　瑟瑟的　泪泪的

你走了　走了
走得很快　很快
抛去　所有的情脉

你是我第一只茧
轻轻的　绵绵的　茸茸的
你是我第一枝莲
亭亭的　静静的　绿绿的
你是我第一杯酒
醉醉的　晕晕的　苦苦的
你是我第一份缘
隐隐的　酸酸的　浓浓的

你走了　走了
走得很绝　很绝
留下　所有的惜别

你是我第一声脉
微微的　清清的　悠悠的
你是我第一份债
忧忧的　沉沉的　愁愁的
你是我第一场梦
悄悄的　碎碎的　湿湿的
你是我第一湾海
深深的　蓝蓝的　涩涩的

你走了　走了
走得很悠　很悠
留下　所有的杨柳

2000.12.03

风影

最初的春光
风
折了湖面千千层
灭了水里一笺灯
伴我的镜月
碎尽星辰

最后的萤火
影
只照秋的冷
梦的痕

2000.12.04
2020.05.26 修

尊称

一个方正的尊称
叫醒
今宵的酒
明日的枕
藏一个柔润的昵称
扣上冬春

一个阳光的敬称
照着
一个月色的秘称

2020.10.03

含苞

将身子卷成朵儿
俏在绿中
让羞涩
躲进莲子
苦成一场梦

不敢偷眼
波光里的风
怕心
掉进一张网
逃不出一张弓

2000.12.06

眉头

当年
一个眉头
皱成一段春秋

我说
眉头是题诗的墙头
你说
眉头是画彩的笔头

而今
诗已休
彩已休
手心只有
一把乡愁

2000.12.07
2020.04.14 修

断路

只因一丝清香
路便折断中央
梦便在水一方

你问
花期何伤
我说
芳草四方

你去陌头花香
独自远航
我去心头芬芳
独自断肠

2020.10.26

孤印

淅沥的秋雨
凄冷的梧桐
孤独的脚印
一浅一深
闪着汪汪的眼睛

2000.12.23

注疏

名片
是水墨画
一幅未展开的条幅

心口
是线装书
一本正披阅的古籍

只将
文物卷进条幅
补上你的注
便是我的疏

2000.12.25
2020.05.14 修

一泓婵娟

像一缕风
飞回从前
像一个梦
坠入昨天
在故乡
等你
一潭笑靥
在故地
等你
一泓婵娟

2001.01.19
2019.08.22 修

遇·忘

相遇
没有情节
花絮
是一个阑珊深处的
明月

相忘
已是文学
珊瑚
是一片海水刻印的
扉页

2001.02.05
2020.04.18 修

矛·桥

天空
很小很小
容不下两支对望的
长矛

宇宙
很薄很薄
架不起一座相望的
蓝桥①

2001.02.05
2020.04.18 修

①蓝桥：桥名。在陕西蓝田东南蓝溪之上。《太平广记》卷五十引裴硎《传奇·裴航》载：裴航于蓝桥驿口渴求水，遇见仙女云英，因向其母求婚，历经磨难，满足了其母的条件，终与云英成婚，双双仙去。后指男女约会或姻缘。

驻守河洲

山
静如冬眠
却为雪白头
水
静如佛面
却因风眉皱

心
跳在白头
脉
动在眉头
怎不为你
风雪河洲
守住
一弯清流

2001.02
2020.04.15 修

句缘

你的眼
是早春的花园
我沿芳草行半圈
逗一个点

你的颜
是日食的婵娟
我借暗影偷一眼
句一个缘

2001.02.28 稿
2020.04.08 修

相思

轻轻地
读你
水墨的名字
眉宇间的诗

相思
总将
山野竹子
变成悠远的笛子
千年种子
变成眼前的花枝

2001.02.28
2020.04.08 修

一瞬

难忘最美的一瞬
是那
低眉含羞的眼神
心里闪着偷顾的灯
脸上锁着冬眠的门

你是那最久的一瞬
占满我的一生

红烛

名字
不忍再读
方向
已是千古

清清的声
是伴醉的酒壶
纯纯的目
是枕梦的红烛

2001.02.28

天色

默默地
走向了悄悄
云朵
失去了逍遥

句逗一点
情世不再海阔
那片断壁墨色
还是
我浪迹的天色

2001.02.24
2020.04.22 修

琴谱

你嘴上滚落的温度
总是
我心上飘落的寒暑
只因
你眼里流落的尺牍
曾是
我脉里起落的琴谱

2020.11.01

待箭

守株的幻影
被你开光
结果
毙了我
你的箭

原来
同是
守字网间
待字心间

2001.02.28
2020.04.14 修

远遁

休说
不见眼神
只见脚跟
花鲜不见红粉

绿草天地为生
朝夕为花掌灯
没有道行
没有良辰
只把枕头当作人

雨线

曾经
就这样
走进彼此的心里
只因一束波光
生死
开始舍弃

其实
本是一天一地
却不知彼此的距离
以为
一颗雨滴
出了心底
便能牵起天地

2001.03.08
2020.04.17 修

沙漏

邮箱当舌头
键盘做笔头
结果
一条眉头折皱
一段心头折皱

情起缘落春色现丑
猫来鼠去灵犀走丢
网
是流动的沙漏
筛出雪雨冬秋

2001.03
2020.10.26 修

幽痕

幽情
幽幽地折进纸鸢
飘成风情一点
泪眼
婆娑地落在草尖
浇开花雨一片

2001.03
2020.04.22 修

水·纸

水上
一种真
一种美
一种纯
你的出现
水上
便只是一个人

纸上
一种言
一种行
一种名
你的离去
纸上
便只留一个坟

2001.03
2020.04.22 修

沉默

沉默
是寒冬的雪
让人凄冷

沉默
是清明的雨
让人断魂

沉默
是七月十五
怕见归人

2001.03
2020.04.10 修

朦胧

你一弯悠悠的韵
碎作
我一段咽咽的琴

我一枕幽幽的吟
散成
你一泉涩涩的萍

2001.03
2020.04.10 修

感酬

远方
一个悠悠的牵挂
点醒
一朵幽幽的火花
一字
一词
一个符号
不是风飘来花
便是雨浇来芽

2001.03
2020.04.11 修

出走

将心一兜
走
伤口在巫山北清垢
破碎在弱水南刻舟

不留一句泪语梗喉
不带一双眷恋凝眸
不吟一句古诗浇愁
不放一片羽毛挽留

2001.03
2020.04.10 修

封喉

遇见
是一把绝命剑
断了红线
断了光线

一剑封喉
不是武侠绝命一击
而是
遇见了你

望着望着
嗓哑了
想着想着
酒醇了
梦着梦着
醋酸了
藏着藏着
泪韵了

2001.03
2020.05.27 修

遇

你飘来
我胸口飘落一朵浪花
你飘去
我眼里飘入一粒海沙

遇
是海的归处
苦的天涯
遇
是牵的怨家
叹的娘家

2001.03
2020.04.14 修

离

收拾几缕书签
贴成纸鸢一片
放飞
那缺那圆
飘去
这云这天

只有
断头的丝线
还在
系着指尖

2001.03
2020.04.11 修

雨笺

白云
只把蓝天做彩绢
蓝天
只将白云当彩卷
我却用
飞鸢做笔尖
牵手为墨线
蘸着春晖
补上
飘雨的诗笺

2001.03
2020.04.11 修

你是我的乡愁

归来
哪怕你
横斜的碎甲鳞片
也是我
乡愁的绝壁断垣

远去
哪怕你
瘦黄的残烛枯莲
也是我
乡思的千里婵娟

2001.03
2020.04.15 修

赔你

我把眉尖对着情网
却在你的额头盖上章
你说
初吻不能转让
血债不能赖账
我说
穷词已经结账
赔你地老天荒

2001.03
2020.04.11 修

遇见·离开

遇见你
才知
春江潋滟
才知
一波双眼
胜却弱水三千

离开你
才知
诗情缠绵
才知
一窝笑靥
酿满青涩初恋

2001.03
2020.04.11 修

湖光

再次
走过那扇门前
远眺一次天边
最后
挡不到一个视线

透视的目光
是唯一的纪念
粼粼的湖光
荡破所有的晴天

2001.08.25

锁桨

一只翠翠的小鸟
轻轻地飘到我的莲舟
我悄悄地锁上
心脉的双桨
害怕惊醒
双影飞翔

2002.01.08

偶遇

你
如此不可思议
我
如此措手不及
你我
不曾故事半羽
却有
一山相知
一海相忆
没有秋波垫底
只有春光作记

2002.01.29
2019.08.01 修

真花

公园蝴蝶兰
香满一片蝶影
走近共享一地风情
背景却来一声哨警
真花
休摸勿近

原来
美丽只能取景
汉字也会执勤

花的清影摇曳心旌
字的幽影浇透衣襟

真
禁止相亲
假
才可多情

我为芳菲报申请
解锁香远益清
我让风流诳称病
假释放风春韵

2002.02.03
2020.04.24 修

花荣

你说
绿叶又将坠西风
玫瑰已毁容
春色已枯荣

我说
落叶里面是春种
花粉在胸中
花期在心中

2002.02.12
2020.05.12 修

思念

形影相吊
曾经度年如日
今天
却又这样
度日如年

想起电话
才发现
缺了一根牵你的线
日子
就少了一根弦
多了一个刽子手
空间
把人切到天渊
身在咫尺
心在天边

2002.07.31

祭尘

不小心
被你的眸子
踩了一脚
扭曲成
你匆行下的小草

小草抬头
收拾剩下的形
伸直余下的筋
雨中
洗去带血的泥泞
只当
祭奠脚印
风中
清去带伤的一瞬
只当
红尘暂停

2002.08.08
2020.09.09 修

愧情

枫叶这边正红
无意偷顾
那边的风
尽管
那是一副
摇曳的花容
这是一场
瑟缩的秋冬

藤杖

我愿是一根
瘦成骨头的藤杖
拧做风筝的脊梁
残抱风霜
也将抬头
撑起你我的翅膀

2003.08.25

告示

今天
面向天地
影子走成古今唯一
面向苍天
一声归去来兮
明天
无论多少寻常非比
都不如一个我和你

2003.08.25
2020.04.27 修

丽江雨

一场冷雨
淋湿了脚底
浇透了心底
一段冷风
吹乱了鬓丝
吹皱了情丝

古墙
你写下一个冷字
古城
我留下一片凄字

2004.04.08
2020.05.27 修

暗寄

好想
是一只戒子
轻轻勾着你的手指
约定今夕

好想
是一只簪子
柔柔编着你的秀发
倾诉倾泣

好想
是一只坠子
痴痴贴着你的胸口
聆心聆曲

好想
是一枚扣子
静静守着你的玉体
冷暖相惜

好想
是一把梳子
细细解着你的云鬓
一丝一缕

好想
是一片流海
疏疏掩着你的蛾眉
洇润心羽

好想
是一弯睫毛
近近笼着你的眸子
守望灵犀

好想
是一颗珍珠
长长润着你的芳心
暗酿美丽

好想
是一个元素
微微融在你的宇宙
形影不离

好想
是一个明天

紧紧温着你的馨梦
相暖相依

2011.07.21

留言

不忍面对
最初的地点
不忍倒计
最后的时间
你的名字
我的秘密花园

声音渐远
笑靥渐远
剩一圈沉香
留一窝蜜甜

无法剥尽
相顾的春茧
无法清扫
回眸的雨点
无言
相望
不见你的眉
只见你的眼

2011.07.25
2020.08 修

钟祭

才知道
时针
为什么要做成剑
斩去从前

才知道
画圆
为什么要用虚线
藕断丝连

才知道
黑点
为什么省掉昨天
断在今天

才知道
时间
为什么永在缠绵
总在纪念

原来
时光
没有火焰
却是祭奠

2011.07.25 晨

弹琴摇篮

终于
等到
企鹅换了睡衣
能用文字
催眠

只想
弹琴摇篮
轻扫刘海
只想
轻抚羽翼
点醒春茧

2011.07.25

企鹅①

你说
认识你
你是一只企鹅
闪烁着婀娜

我说
认识你
你是一首童谣
解析着春早

你说
就做一对企鹅①
天天对着闪烁
哪怕
日子灰色
羽毛褪色

闪烁成土
婀娜作古

我说
就做一对童谣
相互赏着眉梢
哪怕
生忘在线
死忘绝缘
也不
一枕相背
身心天渊

2011.08.01

①企鹅，指QQ。

睫毛

只做
你眼睫上的
那段羽毛
每天
将你的眸子轻扫
不教
半点波光微尘
侵扰

2012.02.02

归途

归
迈不开寸步
舟楫
是现实的束缚
相思
是陈年的支柱
撑得开那片云
那段路
撑不起那片海
那场堵

2013.09.11

雨昏

琴台

你来
带着一个琴台
送来一个舞台
说是
背景自有花开

你去
背影
走进琴台
光影
留在舞台

2015.04.17

背影[1]

当年
你落桂的背影
是我暗香的背景

而今
我浮动的疏影
是你凝眸的风景

2015.04.17

①送老师归汉。

联别[①]

三十载一瞬
匆匆
悠悠
一晤一别一同窗

两千里两地
时时
处处
再聚再酬再少年

2015.07.27

①同窗别离情深。

品你

春天
你从荷花里走来
美得充满寒气
偷眼
总怕梦来袭击

秋天
你在枫叶中再现
带着桃花印记
端着奶茶
品你

2015.10.23
2020.09 修

目光·翅膀

当年的春光
是一个晨曦的同窗

同叶作茧
同枝孕梦
同树化蝶
同林寻芳轻舞飞扬

海角天涯八千里
雨雪风霜三十春
你的目光
我的翅膀

2015.10.23

你我从未走远

桂子山
孕育了我远行的羽毛
东湖水
洗亮了你我远眺的双眼
在此
你我相识相知徜徉春光

一同倚窗听读
一同嬉戏欢笑
一同凭栏远眺
一同梦里飞翔

认识你
我玉守纯洁
认识你
我供奉友爱
认识你
我祭奠未来

你是
我人生最纯的情侣
你是
我人生最净的课堂

30 年
路漫漫
梦悠悠
或许
你我劳燕分飞
海角天涯
其实
何曾天各一方
道阻且长

有一颗青涩的向往
始终给我船桨
有一片明媚的阳光
始终照我远航

30 年
你我就在身边
你我从未走远

2015.10.2
2015.10.23 修

眼神

你说
不要天涯的尊称
只要贴耳的昵称

我说
省掉所有爱称
只要一个
眼神

浮云

惊心

(七绝)

莫道黄昏恋半斤，
路遗羞靥亦惊心。
仰天长望春秋月，
暗祷来生现降临。

2017.01.02

暗卷

那时
秋波暗里相见
烟柳那样相怜

今天
春风梦里再见
秋叶这里相卷

2017.02.25

情子[①]

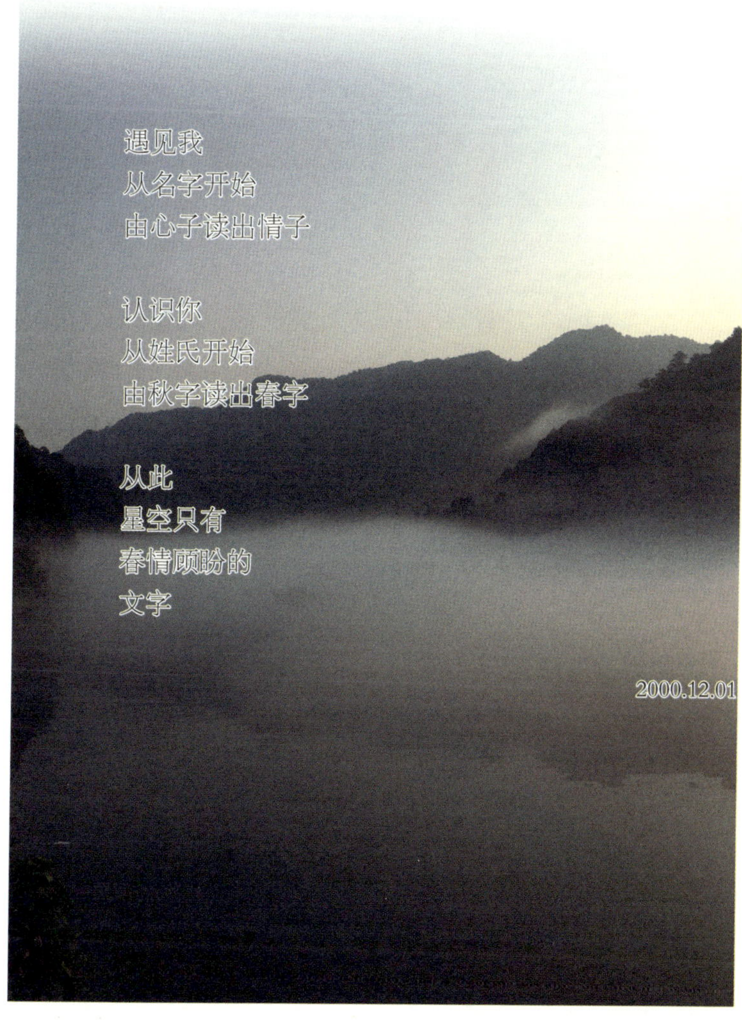

遇见我
从名字开始
由心子读出情子

认识你
从姓氏开始
由秋字读出春字

从此
星空只有
春情顾盼的
文字

2000.12.01

①时以网名心子聊发小诗，以诗相酬。

忘年

如果落入蛛网
就以风为绳床

如果跌进高墙
就以窗为远方

如果坠出上苍
就以脉为翅膀

如果走过天罡
就以心为霞光

2017.10.10
2020.05.15 修

忆梦

怕见秋波
怕见网罗
春一场
雨一河
秋一场
霜一波

再见休说
再见梦多
年轮
经得起情的抚摸
激情
经不起爱的刻薄

2018.11.10

读帖

尽管
笔墨满地落尘
眼里
却是风景美人

2019.05.07

吻梦

好想好想
问你
却不知
如何安置
彼此形义

好想好想
吻你
却不知
如何安放
彼此呼吸

2019.07.21 晨

秋瑟

萍聚偶逢惊喜
奇遇已难牵起
秋的碑记
不是
落叶萧萧扫地
而是
断了春的相依
缘字不再重启
红叶落在梦里
2019.11.30
2020.05.24 修

缘化

(古风)

仰观风流秀，
俯看云雨透。
暗将红叶抛，
不把青梅嗅。①

2020.01.02

①青梅嗅，用李清照《点绛唇·蹴罢秋千》句。原词：蹴罢秋千，起来慵整纤纤手。露浓花瘦，薄汗轻衣透。见客入来，袜刬金钗溜。和羞走，倚门回首，却把青梅嗅。

竹篱

月下
立在院里
续写那个云里雾里
默默的诗羽
飞过漫漫碧宇
落在幽幽竹篱

2020.05.09

忆·梦

身
供不起诗笔
诗
养不活形体
唯有
忆
滋润着根系
梦
摇曳着呼吸

2020.05.09

春顾

春
只看日头
不看云头

爱
只顾心头
不顾手头

2020.08.14

镜·篮

秋波的时候
家是一个镜子
装满春花秋月
从不想
眉头的日子

皱眉的时候
家是一个篮子
装满柴米油盐
从不记
波光的日子

揽影

你的眼里
盛着
春花秋叶
夏日冬雪
我的心里
只揽
清风明月
疏影横斜

眼
是我
畅想的仙境
心
是我
怅惘的人境

2020.07.18

思望

用尽所有巨浪
大海
不够淘洗相思一场

用尽所有时光
秒针
不够计量相望一方

骑着海浪
追着春光
昨天
用来眺望
明天
用来遐想

2020.07.19

磨镜

海滩磨花眼镜
蒙眬眼神心境
忍着高清
减点透明
去见最佳秘境
去养最嫩古情

你守《诗经》
我驻楚韵
彼此
方醉一池春景

2020.07.19

海影

襟情

JIN QING

本辑图片/海景：海南三亚
2015年10月徐建平摄

足剪云天

(七律)

老井久屈蜗作卷，
漫涂诗画寂听弦。
昨晨梦望鲲鹏里，
今夜烟消燕雀边。
不羡一掌招四海，
直将两足剪云天。
忽惊落日依山下，
休举旌旗只举鞭。

1994.09.18
2020.04.14 修

云破日枷

(七律)

雾里诗书烟中画，
未知人间空无涯。
孤心漫咏离骚句，
闲兴聊涂逸少鸦。
壮岁悠悠一梦过，
蜃楼隐隐又山塌。
淡词难遣浓愁意，
直捣黑云破日枷。

1994.09.18

2020.04.14 修

痛史

（七律）（回归杂集）

痛史不堪长枕席，
一舒一卷尽淋漓。
销烟壮吐神州气，
铁血悲歌龙子仪。
寡众小邦成大寇，
雄邦华胄竟虎皮。
百年欲雪千年恨，
满地红星照战旗。

1997.06

百年

(七绝) (回归杂集)

百年大耻一旦湔，
万里华灯照不眠。
明日雄狮堪自许，
今朝赤县共婵娟。

1997.07

神州

(七绝) (回归杂集)

神州处处赛龙舟，
龙子天渊酹海游。
骨肉同胞共一语，
吾国不复断金瓯。

1997.07

雄狮

（七绝）（回归杂集）

雄狮跃起巨龙飞，
举世华人尽展眉。
处处相逢道一语，
今朝港岛已回归。

1997.07

荆轲易水

（七绝）（回归杂集）

荆轲易水壮燕门，
岂忍清天辱祖魂。
弃命亡家浑不怕，
华人不做异族人！

1997.07

金莲

(七绝) (回归杂集)

金莲长辫岂风流，
一纸割赔断九州。
万里长城龙子在，
金汤未许泡金瓯。

1997.07

回归日里写楹联

（七绝）（回归杂集）

回归日里写楹联，
误把牛年当虎年。
来客初称雄健气，
忽言墨宝再磨研。

1997.07

划拳

(七绝)　(回归杂集)

回归夜里醉划拳，
误把情笺做纸鸢。
远岸伊人收北雁，
灵犀脉脉品婵娟。

1997.07

香江对岸望家乡

（七绝）（回归杂集）

香江对岸望家乡，
风采红英落水香。
切切拾来襟袖透，
欲将泪思寄流觞。

1997.07

梦思牵手

(七绝) (回归杂集)

梦思牵手荡兰舟，
细柳丝丝任风流。
远望絮飞千里雪，
清涟道上尽芳洲。

1997.07

相看

（七绝）（回归杂集）

相看无尽坠缠绵，
梦外幽情梦里圆。
惊起花灯一片闹，
只将回归当新年。

1997.07

回归日后

（七绝）（回归杂集）

回归日后写情笺，
片片当归洒满天。
更串颗颗相思豆，
千言万语一丝牵。

1997.07

云

（七绝）

素心本欲补苍天，
柳絮轻飞绣日边。
但见浊尘阴晦气，
怒倾江海洗人间。

秋江独吟

(七绝)

瘦立秋江望断舟，
孤霞独去水回眸。
燕心何似槐岸叶，
自卷青云向东流。

1994.09.

中秋

（五绝）

残叶抱枯莲，
凄风躲瘦鸢。
玉烛熏淡寂，
不待玉盘圆。

1996.9.27

中秋夜

（五绝）

南辕野路堙，
薄志启归心。
不望今秋月，
朦胧难渡云。

1996.9.27

锁圈

拉起一只风筝
放了一段风情

你说
抛了所有的芽
只留下一朵花

我说
你拉了一条线
锁了我一个圆

2020.10.23

伤痕

(圆明园组诗其一)

踩着遍地伤痕
我不敢叹息
害怕
石的泪泣
路的血泣
惊来
一声寒鸦凄厉

2000.08.04

古松

(圆明园组诗其二)

名字全叫
老态龙钟
守着故地
拄着
一根拐杖
四方肢具
仍要
八面威风地站立
怒对西风

2000.08.04

柳

(圆明园组诗其三)

柳树辫子
仍在一城烟雨
雾锁宫墙

柳树裙子
仍是弱不禁风
柔尽脊梁

轻抚
怕压宫女的头上
轻摇
怕醒当年的龙样

云朵

高飞
不要风云假托
谁家的翅膀
攀枝难坐
自产的羽毛
才是最大云朵

清活
躲得过一段脆弱
苟活
经不起一次堕落

叶子

剪掉我的绿色
便是关掉我的空气
烧黑我的蓝天
便是灭了我的天地

我跨马风里
写出绝世的一笔
最后的兵器
不仅遗作身体
还有遗世形体

道义

宁可
裸成内衣
也别
披着外衣

害怕冠冕下的笔
掩去
李逵的斧力
留下
李鬼的气息

2000.11.08 首届记者节

竖写

名字
只想
竖起所有的词
站成古典的诗

开了
扬眉的法度
才有
横眉的尺度

2000.12.05
2020.09.05 修

羞词

每当
竖起一行文字
就会想起一个
羞字
每当
举起几段梯子
总会看到一个
恐字

以诗当面
以词作颜
虽是历史现实
却是
我敬畏的雷池

2000.12.05
2020.04.17 修

碎瓦

好怕
本是
横泥的浊词
扫地的句子
不甘俯首趴下
却踮起脚尖海拔
摔成一地碎瓦

2000.12.05
2020.04.17 修

标本①

九天的云层
容不下
一副筋骨的腰身
绝世的资本
养不活
一只开弓的标本
举枪的眼神
挥刀的嘴唇
飞钩的爪痕
总在梦里攻城

2020.10.05

①一只雄鹰标本，屈藏帘后吊柜一隅。因柜落台塌，暂置阳台，一袋为罩。后风雨相虐，日月相侵，今终忍弃。

灯·影[①]

脚一迈开
灯
就亮起来
看我身上几多承载

头一不抬
影
就走出来
告诉光线与我同在

2001.01.01

①元旦,启火君归国来访。送离,廊灯应声自启，因笑言。启君莞尔，嘱录。

狼·虎

权杖身边的狗
看上去
是狼

权力左右的狐
走起来
是虎

2001.01.02

活成白菜

当年
一颗白菜
夹着我的最爱
黑白
报纸剪来
风雨
不染尘埃

曾想水墨它的风采
害怕书签守出苍白
结果
没在
清波中画出青白
却在
浊泥中活成白菜

2001.01.10
2020.04.19 修

踢台

广场摆了一个
舞台
酒旗招摇着
擂台

快来
走下月台
走下香台
上台

我
一眼
帘后的暗台
一脚
帘前的秀台

2001.01.10
2020.04.18 修

萝卜秀

有一些猫步
需要站台
有一些烈士
需要清台
于是
露天搭一个
魔术舞台
专做刀俎案台

仁的现在
才的未来
材的好坏
质的高矮
都不如
萝卜的娘胎
坑里的根脉

2001.01.10
2020.04.19 修

弓射苍穹

有人
以猫[①]撒网
以鼠钓鱼
天空做渔场

①猫：指路由器；鼠，指鼠标。二者相配，上网必备“法器”。

月宫

我是一本小人书
一半轻
一半薄
两半合写童萌
里面装一部神话
前有凰
后没凤
前后只有葱茏

扫苍穹

当年梦琼
今日梦穷
当年晨读是晨钟
登高是远梦
今日锅碗敲暮鼓
醉讨当年勇

曾想飞天鸟
今倒檐下松
今日不论谁雌雄
明日只做环卫工
飞月宫
扫苍穹

2001.1.31
2020.05.20 修

竹

留守

我来
带着整个春天
只为你的眼 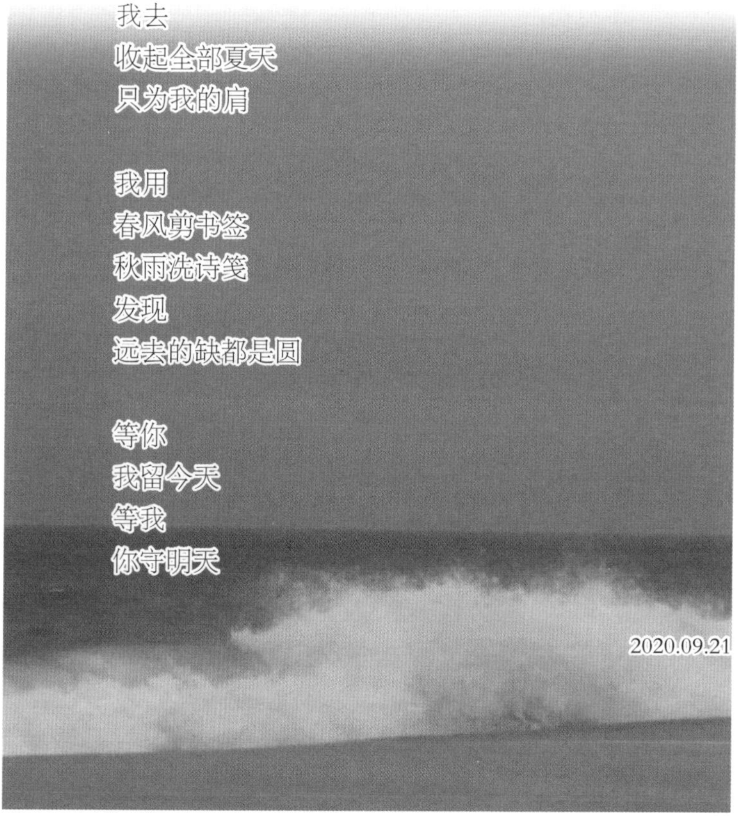
我去
收起全部夏天
只为我的肩

我用
春风剪书签
秋雨洗诗笺
发现
远去的缺都是圆

等你
我留今天
等我
你守明天

2020.09.21

纵横气息

我的词典
轻薄透底
里面只住下
蒿草自己
挤去所有冗笔
留下阡陌几许
只剩
纵横气息

2001.01.31
2020.04.14 修

秤砣是只妖

秤砣是只妖
斤两任意秒
看
你上
我顾影笑
你下
我爆表
只怕
经过你的砧板刀
一把残值只剩腰

原来
磅秤
是分捡的绝招
算盘
是排队的暗号

2001.01.31
2020.04.08 修

面子

面子
厚薄靠名
成色看金
大小论斤
不信
且看当今
一捆面子
几钱文银

2001.01.31
2020.04.09 修

舌头·骨头

舌头
没变成骨头
只在一腔宇宙
行走

骨头
已变成肩头
各在一身关口
驻守

2001.02.19
2020.04.17 修

道好

好久不见道声好
老友难遇只许笑
休论
好在皮毛
笑在云霄
休管
好够一声叹
笑讨一个巧
仍要
露压青草
草扭腰
雾锁花梢
梢争俏
只将当年缥缈
朦胧今朝美貌

2020.10.03

数时

每跨一个黑点
都留一个亮点
不论
周期是否已经长短

每抢一个鼓点
都劫一个赛点
不论
时光是否早已方圆

2020.10.22

作古

沿着墙角深处
踏上古迹斑驳的歧途
路
让给穿着马夹的鼠

招摇到户喧宾夺主
不是鼠眉动物
就是豺狼人物

瞻前是古
旁顾是虎
泾渭各行其处

宁愿
昂首作古
不去
低眉铺路

2002.08
2020.04.27 修

微笑名片

不好意思
我没名片
没有什么画笔
勾勒这副嘴脸

所以
以后相见
还是薄面
微笑
是我长驻的名片

2002.8.28
2019.8.22 修

望牌

怕见
冰山的脸
怕遇
火海的颜
好想
你是一副牌
能够洗上一亿遍
只为
回到从前

2020.10.12

寄住

暂住
常住
逃不出一个借住

家居
旅居
躲不了一个寄居

可我
总想
借此蜗居
寄你王居

2003.05.13

古战场

走在古城石板上
脚趾
却在鞋中探索方向
如何
按住方阵的琴键
埋去
那段水火刀光的乐章

2003.09.21

一只小凳半个家

世博排队
商机插队
一只小凳半个家
十元百元不贵

口袋听腰腿
囊羞压弯千里背
半破的导图
且行且罪

2010.08.09
2020.04.29 修

和美

——《凡事非常道》方案主题词

职场

称呼
是一把尺
弦外丈量着彼此
笑脸
是一杆秤
皮下掂量着价值

2011.05.19
2020.05.02 修

笑礼

微笑
是一座桥
跨越尘世的堑壕

礼貌
是一座岛
驾驭沧海的惊涛

2011.05.19
2020.05.03 修

熊狮

顶天
不需立地
只在云头虎视领地

立地
顺着笆篱
提着饭篮四处寻觅

猎手的出没
是一条蛟龙突袭
云头的出没
是一场坐享快意

一头熊
驾驭着一群龙

一朵云
难道
压着半边苍穹
有人只管分雌雄
无人去讲公不公

2012.04.27
2020.05.11 修

姿势

横竖的姿势
高低的价值

树倒
俯视的木头
树起
仰观的云头

2000.12.05
2020.04.17 修

智齿

卸下一颗
似智非智的潜伏
削去一段
似余非余的方正
所有
痛的审判
都是
爱的离判

2012.04.27
2020.09.13 修

大王椰

一个闪电劈吼
根系皆作鸟兽
垂阴的华盖
攀援的琼楼
横竖不过斧头
高低不过石头

2020.10.23

生命之于

生命
之于电
不足一秒
之于水
不足一分
之于火
不足一刻
……
生命
之于天灾人祸
不足一瞬

2012.07.22

借愚

眼前
横生一座高楼
横刀
我与日月的凝眸

不甘深宫
不做困兽
我向愚公
不借锄头借骨头
攀上
一楼又一楼
越过
山头又山头

只为
遥远的一个牵手
心海的一次云游

2002.06.23
2020.05.20 修

蟹爪

刀锋的签字
那是
唯一说不的兵器
刺骨的横竖
那是
最后撇嘴的形体

2020.10.10

噤蝉

舌头的风险
只叫嘴巴缝作眼
眉毛的构陷
总让腰身弯成颜

2020.10.11

食指

想做
指点江山的枪口
却弯成
嬉笑怒骂的舌头
只因
丝丝缕缕痴字把守
织成
打捞天空的网兜
结果
色
气
没有斟满北斗
却是醉倒春秋

2020.10.26

重量

人物来袭
一厢拥挤
电梯大叫憋气
要缝隙
要吐气

谁上谁离
谁能救急
电不作揖
梯不献礼

削平高低
剥去外衣
横竖只讲物理

管他人造法理
肩头熄着眼力
心头醒着法力
不以质量相比
直书重量老几

斤两
一概过磅算计
瘦胖
一同掂量处理
人人皆物体
物体无权力

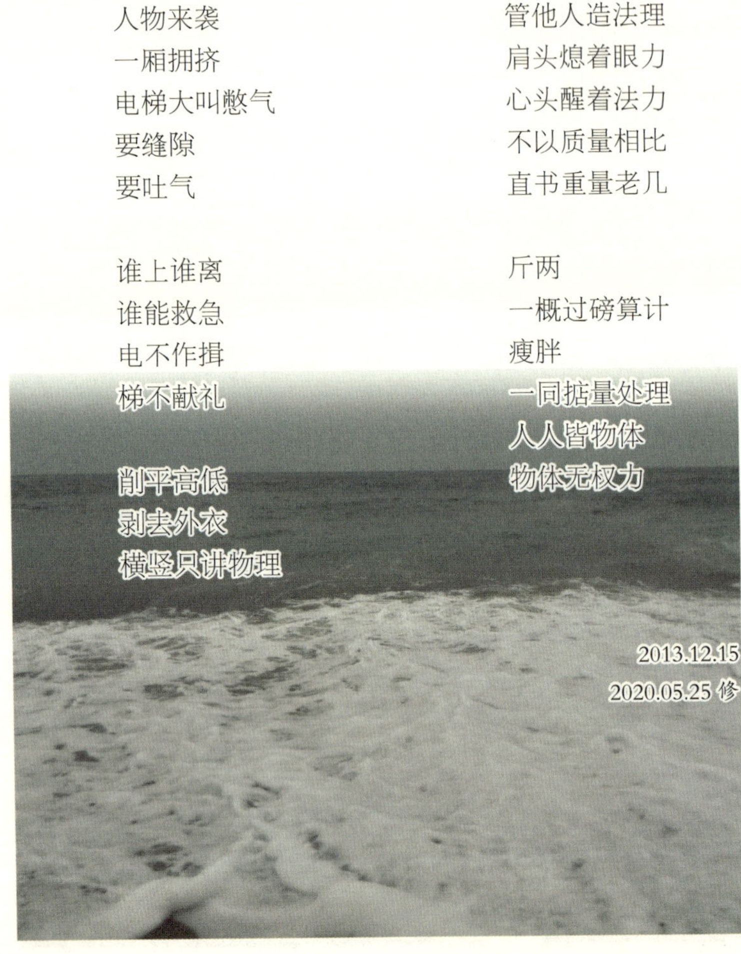

2013.12.15
2020.05.25 修

饥娘

一段三年灾荒
心小没有印象
手上却有伤
说是
咿呀抢饭被烫

饿一场
慌一场
从此
认清饭是钢
知道饥是娘

2013.02.20
2020.05.16 修

追问

驾着风云
无法追到那时的清影
捞尽星云
无法网起那时的眼睛
可我还是
想要
那时胸膛留下体温
不要
那个背影抛下疑问

耕地是碗

下自己的蛋
流自己的汗
天罡脸色不看
地煞嘴脸不管
皇帝不叫
救命不喊
劳作开天
耕地是碗

2014.03.13
2015.04.16 修

光阴

镜前
清点得出
白发又增多少
眼角
清算不了
流光何时我抛

今天再老
也比明天小
明天再新
也没今天俏

每个今早都是妖娆
每个此时都是最好
抓紧
余下的半程船票
与天过招
与海要岛

2016.07.06
2020.05.14 修

圈子

圈子
江湖的根系
云游的米粒
或舟或楫
或樊或篱

2016.07.21
2019.07.24 修

流浪是涯

小时候
家是一个天
华冠是金匾

眺望作家
后来
作家滚到地下

仰望书家
后来
书家演成丑家

高瞻诗家
后来
诗家淘在江沙

如今
远眺牌坊
只是折皱的壑沟
遥看桂冠
尽是白发的驻守
活成孤家
流浪是涯

栖

遥记当年志气
诗文惊笔
书画破壁
千古横刀独立

而今白发识趣
四顾鄙夷
八面荆棘
无檐化缘可栖

2016.10.27

系照

假如
抓住的
只是一线天
我也要
系住日月的眉眼

假如
接住的
只是一滴泉
我也要
反观天地的容颜

2016.11.03
2020.09.16 修

别离

别离
跟着风雨来袭
扫去
偷咽泪滴
扫去
暗藏标记
只留
一支长笛
声声横断你我

2016.11.03
2020.09.15 修

依法

依着王法
不去喜新厌旧
不去藕断丝留

藏着情法
只将梦里形牵
不占梦外空间

2016.11.03
2020.09.16 修

自嘲

风起云涌
笔墨赶去蹭东风
可惜
泥沙淘成几钱重

敝帚不堪作贡
休去
谋财小众
折磨大众

2016.12.18
2020.05.14 修

休眠

光阴不够
休眠以凑

休眠
无眠

舍生
求生套路
绝情
痴情节奏

命运

命
是弱者的借口
运
是强者的谦词
俯首庸庸
回眸碌碌
命运
塞不进一句悼词

2018.06.02

生相

法笔
曾当梦想的肩膀
扛起青春的神伤
哪知
青丝换装
法　未能国事刀枪
笔　不能家事拐杖
游走的行囊
只有生相

蚌

喝一口海
藏一颗珠
骨
是我行吟的全部
一吞一吐
我呐喊的力度
一收一舒
我铿锵的脚步

旧车

前浪需要
让位
泥沙需要
掉队
老牛需要
告退
旧车需要
报废

休说
雪山
草地
不再绝境
大渡河
铁索桥
已无堡垒

休道
长江
黄河
不再天险
北平
南京
已无敌傀

休叹
鸟骨
兔尸
标注前辈
鞭驴
磨浆
铭刻墓碑

云消
雾散
奠出落日
虹起
雨断
祭去余晖

2019.05.23
2019.06.06 修

敝帚

常想收拾
这片江湖残局
却总又
碎片一地
只因
敝帚本难充饥

2019.07.21 晨

百年云路十年寒（七绝）

——送内侄入西安交通大学

百年云路十年寒，
三更渔火五更帆。
北斗不问天下客，
只指大道通长安。

2019.07.28

杯酒

老板的江湖
杯为船
酒做帆
杯酒浇筑桥两岸

打工的江湖
杯为餐
酒做胆
杯酒浇消愁一半

半钱文字揉成馍

每餐
锅铲折磨
每天
股票盘剥
半钱文字揉成馍
捻成末
满腔情脉窝成螺
跳成波
几滴清露
一场清活

2019.08.29

一行文字折成诗

明知
一幅画
载不动一个字
一段文
托不起一个词
可我
还是只能
野蛮装卸
暴力祝辞
一行文字折成诗

语梦

语不惊人死不休
词未泣神魂难酬

一语中的
一句破彀
不是原创不出口

经得起
美丽邂逅
经得起
一步两回头
经得起
一咏三叹把心揪

2019.09.14

日历 2019

一叠默然
一钵超然
扛不过一张居然

一柄毅然
一壶泰然
举不起一片怡然

2019.12.31

二零之计

年问计划
火欲抢麦
零先回答
春秋你做主
日月我生辉
一笔一画
活字当家

2019.12.23

朱黑

你是一支朱色的笔
只为印泥起立
我是一支黑色的笔
只为肝胆效力

你的圆圈勾出杀气
霸道只靠血迹
我的横竖吼出骨力
威武是点天地

卡位

卡位旁
立着的不是人
而是一根权杖
椅子上
坐着的不是人
而是一个用场

2020.05.03

镜像

化缘路上
有一个案牍道场
不知
常进的香客何样
只知
单间柜台场面相仿
都是
老大的镜像

墙上
横竖着画框
呼应着风向

案头
清扫得光亮
一派干练装
台面
文房几样
标配的道具
方步的秀场
一行笔架
吊坠的笔头
一副浓墨面相

2020.05.03

怯场

走过衙门官场
总要躲着宫墙
吊胆一场
担心
落笔溅出门窗
黑色
洒到脸上

2020.05.14

书装

书柜
最大的金装
不是
破旧的封装
而是
与谁同框

那是
更高的卖场
那是
人际的排场

2020.05.03

蝉蛹

(如梦令)

余目不出地面，
血气葬身法典。
风雨度长眠，
几尽生死历练。
舒卷，
舒卷，
叫起江湖一片。

2020.01.01

新年自漫画

(古风)

自画不堪像，
眉目剩慈祥。
愚老成无赖，
欲萌唯望洋。

愁容常把苦颜抛

（七绝）

愁容常把苦颜抛，
望断苍穹酒难浇。
秋叶总催春梦醒，
琼瑶何日报木桃？

2020.03.12

养狗

小时候
总想养只狗
那是
最苦的时候
养一只做朋友
那是
最穷的时候
养一只装富有
那是
最饿的时候
养一只当腊肉
那是
最怒的时候
养一只做枪手

而今
还想养只狗
却再难找到理由
还想养只狗
却见宠命比我厚
我在田梗爬
它在公园溜

2020.05.21

了之

张开所有胸襟怀抱
眼眶还是点火开灶
心砧上锈
情炉上烤

休问
终日何日到
夺路何路逃
只当
好歹皆寸草
横竖一个了

2020.10.12

楼火

高层着火
烽烟四起
楼道声声警笛
求生
远避
救命
遁迹
禁逃电梯
戒逆风气
哪怕
曾走特快专递
哪怕
曾随乌烟瘴气

2020.05.22

愧恩

当年
浅滩的鱼跃
不过
邀宠的跨界
偏方的圈阅
不过
献媚的碧血

而今
十年又十年
顾盼近百年
一片未报恩
压断
一路津梁
一腔未遂愿
碾碎
一场春秋

2020.07.01
2020.08.05 修

愧号

恩的欠账
总难计量
天平中央
什么也难站上
哪怕
心头哭来海浪
坟头号出山冈

2020.06.19

帚戒

且书且累
休敬人眼半杯
且吟且废
休灌人心半醉

2020.06.29
2020.08.05 修

陋铭

眉目唯恐作淫
诗帖不争刷屏
一样造型
败了魏碑风景

千古风韵
诗景人景
一路心头一路眉头
痴向康宁

不忍铜镜
百岁光景
一只枕头一只馒头
浅唱低吟

残阳孤醉
残月独醒
只当
梳风剪影

2020.06.29
2020.08.05 修

跪声

来日方长
不过驼鸟伎俩
十年再偿
不过自我打赏

破产
已是旧债的本钱
感念
已成新愧的续篇
所有的感恩
只剩
哀的叹声
痛的泣声

2020.07.01
2020.08.05 修

释名

哪一片云我的天
垂眼
诗叶半卷
开合缘的深浅
仰天
云海一片
阴晴命的缺圆

2020.07.04

自酸

一块石头
一堆泥沙
碑文横七竖八
不去镇纸走风雅
只压泡坛酸天下

2020.10.15

草旗

尘封一片奇迹
羽化一个传奇
埋藏一串秘密
酝酿一束逆袭
脚下
不是墓地
头上
青草为旗

股戒

粮仅半仓
银只半两
分装几许家当
风雨几许可挡
春来
云起作浪
秋去
月照蛛网
孤舟
不钓瀑布流江
秋千
不系崖壁残桩

蝶舞

休说
修了大半的边幅
没能赢来
一个边缘的颠覆
每段打折的路
都配山重水复

脚跟不算前途
脚尖才向当初
所有未结的果
都有
彩蜂争蜜
彩蝶争舞

2020.09.02

奇书

我用古色的汉字
雕刻青色的情思
你以粗犷的墨渍
嫁接人兽的样式

我的潜词
只在说文解字
你的幽旨
只准火星阐释

2020.07.19

折兴

风景
抢走风情
诗景
夺去诗情
一片孤月
半对清影
独照
以醉当醒
长歌短吟

2020.07.23

方舟[1]

望你一海蜃楼
出我一溪渡口
阴晴
都是客栈一逗
生灭
同在花草结构
若明
一声短啸地球
若暗
一枕长醉宇宙

梦
我最初的风流
诗
我最后的方舟

①读王钻清先生今发新诗《暗物质之旅》，随感而作。

月影乡情

XIANG QING

本辑图片/月景：广东海陵岛
2014年10月孙霞摄

中秋[①]

（七绝）

孤心对月卧梅沙，
海韵秋风共枕花。
兄弟异乡遥相问，
今宵一浪滚天涯。

1995.09.09
2020.04 修

①短信复茂新君。

寄乡

(七绝)

南海北岸望家乡，
一地春华洒汪洋。
碎碎掬来藏两袖，
不知哪瓣寄长江。

故园

在那
千湖之滨的远方
有一个
槐柳掩映的土房

参天的梧桐
站在院旁
沁人的檀香
飘进门窗
畔山的佛钟
敲入学堂
倚塔的菜薹
味出梦乡

想借
此处的阳光
照暖那处的断墙
想借
此时的月光
照亮那时的脸庞

却见
此刻的拐杖
划不出那时的双浆
最近的渡口
一片汪洋

2001.08.26
2020.04.12 修

故·乡

故乡
不再是回
而是去

故地
不再是归
而是访

故居
不再是返
而是觅

故人
不再是见
而是寻

2019.09.14 中秋
2019.09.19 修

故去的乡

故去的乡
是回不去的乡

故去的园
是回不去的田
故去的地
是回不去的土
故去的人
是回不去的坟

故去的乡
是回不去的乡

故去的房
是回不去的屋
故去的家
是回不去的门
故去的景
是回不去的情

2019.09.14 中秋
2019.09.19 修

故乡

故乡
是一尊古老的法桐
青涩在枝头
斑驳在胸口

故乡
是一个瑟瑟的深秋
风声在窗口
风霜在额头

故乡
是一座高高的山丘
相望在关口
相见在枕头

故乡
是一堆荒野的孤坟
父母在碑首
疼痛在心头

2019.09.14 中秋
2019.09.19 修

故居

故乡·彩笺

故乡
是一部
承载家史的诗篇
故乡
是一条
镌刻族谱的素绢
故乡
是一枚
涂鸦童年的彩笺
故乡
是一张
印记父母的照片

2019.09.29
2020.04.10 修

故乡·全家福

故乡
是一张全家福照片
父母佝偻在中央
兄弟相扶在旁边

故乡
是一封家书的和弦
父母指挥在天堂
姊妹合唱在人间

2019.09.29
2020.04.10 修

故乡·门券

故乡
是父母留在凡间的
陈年照片

故乡
是游子眺望天堂的
终场门券

2019.09.29 稿
2020.04.10 修

忍顾乡关

(七绝)

忍顾乡关陷岛洲，
千江挽袖万山愁。
悔不年少抱金匮，
今壮肝胆二锅头。

本辑图片/山景：广西阳朔
2012 年 7 月孙霞摄

昔照

晨光
无踪无影
春阳
欲潜欲隐
朗月稀星抚摸不尽
心头风景

且休且行
且醉且醒
哪怕
世界满是冰情
拄着月影
一颠一摇仍找风情

2020.08.16

汽车家

（童诗）

我的小名叫小豆
啊为啥
小熊维尼里的呀
小袋鼠呀
袋鼠妈妈袋袋大
宝宝有个温暖家
温暖家

我的父母是爸妈
不是别人
是爸妈
我要长大
快长大
长大要当汽车家
汽车家

啊
你不知道啊
长大要留学呀
留学意大利呀
那里呀
有个法拉利呀

法拉利呀
法拉利
扁扁的啊
帅帅的呀
啊
你问那
跑车还是赛车
我说不清呀

反正哪
跑起来是赛车呀
赛起来是跑车啊
看啊看啊
赛车飞快跑呀
跑车在比赛呀
轰隆隆飚车
违规啦
危险啊

爸爸呀
别开快车像人家

别急转啊别急刹
别抢红灯人先行
慢点稳点啊
好回家

我的家
是个汽车城呀
桌上办车展呀
地上开赛场呀
啊哈
都是玩具呀

要当汽车家
要有温暖家
小心驾呀爸
好吗
好吗

啄藤

秋天已经很瘦
你却还在枯藤上
割肉

我吼断刀口
清点骨头
缝补烛光春秋

2020.10.30

搜词

题记：今推敲诗句百度某文，却铁鞋踏破得故友——因题含名，更因名照句。

搜救一个词义
却捞到
春日散落的珍稀
想将那段月光拾起
可我
已失故地
想将这片星光标记
可你
已变天体

2020.10.29

下属

孩子
本为
一生的朋友
而我
却已视如
一生的下属

直到那一天
我交尽权属
成为孩子的下属
而孩子
仍是我此生的归属

2013.01.16
2020.05.10 修

陪伴

雷声
云海绽开的信号
闪电
雨花怒放的预报
我陪你
滚浪守航标
我伴你
激流扫暗礁
一场鸡飞狗跳
背后一个笑

2020.10.12

蜂巢

窝是香甜的根
巢是香睡的城
假如
明天风雪来临
今天就归家门
甜蜜
落叶归根

2013.01.25
2020.05.13 修

散群

邮箱
挂在原地
邮筒
拆了痕迹
额头的风雨
心头的烟雨
尽在眼角
记忆

2020.08.26

归期

——龙腾 2015

孩儿龙腾千里外
两眼空对万壑风
万壑风

车轰隆
轮轰隆
声声倒数归来钟
归来钟

2015.07.26

历练

——龙腾 2015

出门
归来
只望一路平安

披着羽毛出去
扇着翅膀归来

2015.08.05

滋润

——龙腾 2015

十二日
风景人文陶冶
八千里
山水人情滋润

山水还在那儿
风景却已带回

人文还在那儿
情怀却已带回

光影还在那儿
梦想却在高飞

手掌

在这个世界上
你推我做上国王
自己
却是臣民一场

你是
唯一能踹倒的矮墙
你是
唯一能面斥的气囊
你是
唯一能颐指的木桩
你是
唯一能武断的靶场

对不起
孩子

你的眼睛
检验了黔驴的绝望
我的眼睛
暴露了戒尺的套装
你的身躯
检验了拳脚的力量
我的身躯
刻满了手掌的熊样

2016.07.02
2020.05.13 修

孩景

——龙腾 2016

不论
何处的山水胜景
我的眼睛
都是
绝处的全景

无论
何等的人文仙境
你的身影
都是
绝景的中心

2016.07.16
2020.09.16 修

关注

关注今天的你
一点一滴
因为
关切明天的你
一招一势

关注今天的你
一枝一叶
因为
关切明天的你
一朝一夕

2016.07.17

鞋家

你说
鞋小了码
出门痛成虾
不远就想家

我说
寄一双大码
装上脚
装上家

你说
装得了脚下
装不下天涯
装得了长大
装不下牵挂

我说
寄你一双最大码
寄上你我他
寄上一个家

2016.07.27

行走的天下

放假
出门走天下
路上
天下不如家
脚累鞋痛
咳嗽发烧
半夜痛醒
梦里洒泪回家

长大
家已不在原点
家是
形影的相随
行走的天下

远行

——龙腾 2016

孩儿出门走多远
河山八千里
人文三千年
好远
好大一个圈

噢
不远
不远
只是一个点
从心头
到心间

2016.7.27

爬山

——龙腾 2016

你爬
你跑
你追
还是怕落人后

我说
山外有山楼外楼
路没尽头
每步
你已自成雄峰
再步
俯看白云山丘

2016.7.27

燕心

——龙腾 2016

你说
拜了孔子
见了儒家
认了治国平天下

我说
看好
家国天下
看准
修身齐家
开弓　望星空
放眼　从脚下

2016.07.27

纪念品

——2016 龙腾杂章

千里归来风尘一地
纪念一席
破损的古董
残掉的记忆
碎碎拾起
一一拼起

每个
粗糙微小的纪念品
都是
未来珍藏的奢侈品

惊行

——2016 龙腾杂章

7 月开营
火车轰鸣
龙腾水火共相浸

文化踏青
国学掠影
一路风雨一路惊

原来
千年文化伴苦旅
万里江山靠苦行

2016.07.27

寄儿

——毕业寄语

脚下耕耘
头上祥云
桃源胜境
只能
祈福于勤
不能
守株于运

风筝

——孩儿英国交流归来

风筝
飘得再远
走不出一段弧线
牵挂的线
在你腰间
在我指间
从指头
到指尖

孩子
飘得再远
走不出一个圆点
牵挂的线
在你胸间
在我心间
从心头
到心尖

舞台

休说
群众
领导的舞台
下级
上级的舞台
士兵
将军的舞台
绿草
鲜花的舞台
配角
主角的舞台
仙景
人景的舞台

且看
蓝天
白云的舞台
天空
翅膀的舞台
大海
怒涛的舞台
月亮
太阳的舞台
神仙
凡人的舞台
他人
你我的舞台
你我
他人的舞台

2017.06.15
2017.06.20 修

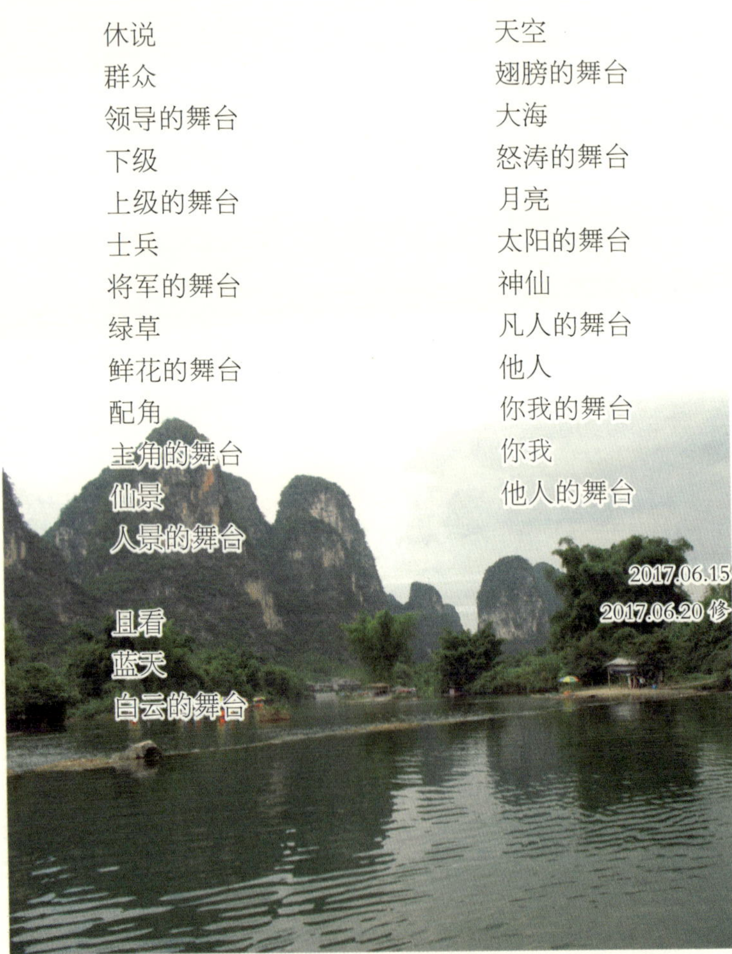

明天作业

六年
每天
相约
相见
同守一个点
同结一个圆

学生
老师的圆心
孩子
家长的半径

这点
这圈
家长是孩子
望着老师上讲堂
老师是家长
数着孩子发奖状

孩子的作业
就是家长的学业
孩子的培养

就是家长的素养
孩子的成长
就是家长的茁壮

这点
这缘
学生
家校共有的梦想
老师
亲子共有的课堂

今天
毕业
家长孩子都在路上
扬帆

明天
升学
家长孩子都要入学
远航

假如

明天没有作业[①]
那是
今生早已相约

2017.06.29

①明天没有作业，而且老师家长群也难再见“作业”二字，忽然失落起来。毕业之际，作为家长，或许比孩子更知依依惜别。

陌冬

匆匆
彼此如陌路
因为
没有握手的时空

沉沉
彼此如初冬
因为
没有举杯的心胸

酸冷

吸气到喉
竖耳低头
说要
不做盛酒的舌头
只做装梦的枕头

噢
玩偶不配骨头
牙齿却有血肉
正经
恐被酸冷打皱眉头

2020.10.24

浪淘

你划浆来
因为
有一个手足
泣号八载
泪河凿开

你撑竿来
因为
有一对纤夫
逆流挺胸
溯游头埋

你浪淘来
因为
有一湾海滩
种选苗筛
指标淘汰

你驾云来
因为
有一片天空
日月展开
星辰待摘

2018.01.05

琴声

黑色 2017
钢琴沦为纪念
7 级
记录琴足跳远

多年
每天
几度悠扬
几场悠远
昏天黑地
终有
黑白相间

直到九月
时针
载不动初衷
书包
背不起沉甸

琴声
渐比琴身沉
时间
再无时钟圆

空间
没有顶点
时间
没有极限
时空
却有底线

放弃眼前
不是放逐今天
屏息江面
只在潜越天堑

琴键
虽在天边
琴声
却在心间

2018.01.15

八载

八载
难题钟上摆
今天
一声长哭解开

民族国家时代
加起来血战山海
九鼎存亡
冬去春来

百姓家庭孩子
合起来惊蛰等待
今生手足
天地情怀

手足
不是一生的筋骨
而是一生的血脉
兄弟
不是物化的后盾
而是精神的图腾

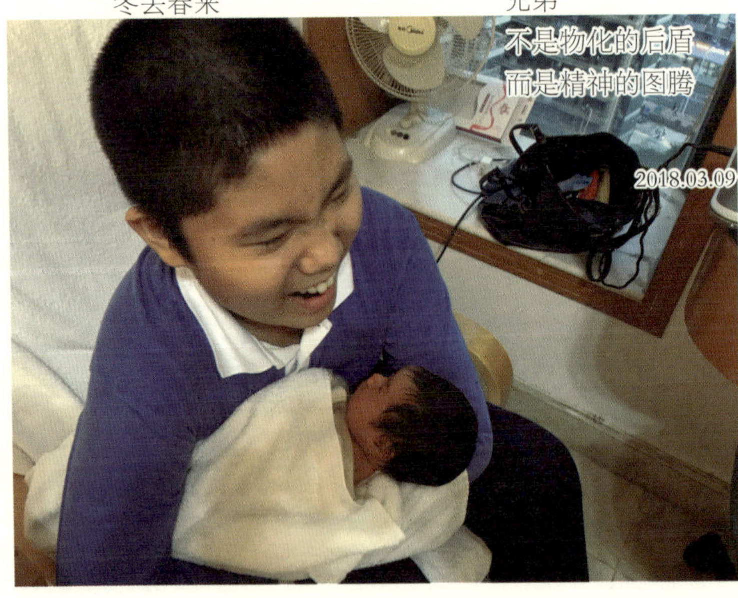

变歌

我欠春天一场搏
秋天差我一首歌
诗改词
声变曲
浅唱做笛音
低吟变古琴
血脉滚出一条河

2020.08.14

朋友圈

故人已荒远
朋友
萎成一点
半径不过指尖
家
是最后的方圆

2018.10.09

青春期

青春风暴
袭来
爱
冰封点不开
过往
已清零重组
唯有照片
还在

2019.06.06

眺望

——龙腾 2019

千里
万里
只要影儿在眼里
风筝
就在手里

一分
一秒
只要眺望在梦里
远方
就在诗里

远游

——龙腾 2019

措手不及
你一头扎进青春期
我木雕岸边
守望原地

从此
面朝大海
你
一苇天涯
游向自己
我
线装童趣
一枕孩提

2019.07.16

苗梦

苗的极地
不堪呼吸
天空
将被抛弃

梦的荒地
不见羽翼
炊烟
将无痕迹

2019.07.18

影脉

——龙腾 2019

你的影
不是光的足迹
而是
我的呼吸

我的脉
不是心的呼吸
而是
你的足迹

青丝

青丝的长度
总是不够
丈量儿女
一场舐犊

年轮的密度
总是不够
绳量父母
半世劳苦

情思的浓度
总是不够
计量彼此
一生缘福

刻字①

回到那时那地
守望驿站马蹄
尘封的邮筒
劳燕的幽栖

或许
等得到
迟到的记忆
长大的题记
可是
等不到
远行的足迹
缩小的孩提

2019.12.03 稿
2020.03.15 修

①眺望一载，龙腾中华夏令营纪念册终至，此时，孩儿已过孩提……由此思及故居梧桐，儿戏的邮址。那爬在树中央的刻字，数十年后，在否？树，在否？

诫子诗

今天
走得出考场
明天
走不出下场

今天
走得出负重
明天
走不出沉重

每逢佳节多愁虑

(七绝)

每逢佳节多愁虑，
寄蛋总怕累还鸡。
一包团拜封芹意，
明月相鉴未分期。

2020.01.01

别去

——悼发小其一（古风）

八年风霜
发小同窗
履印证人
孤灯烛香
廿载禅地
同攀庙墙
草木生长
天地无常
春秋逆序
日月何殇
从今远去
故园他乡
尔后远离
知己何方

2020.01.27

故址

——悼发小其二

你乳香的名字
仍是
我刷新的邮址
地上
或已祭去从来如此
天上
还能响起那年那时

2020.03.30 晨醒再悼

修剪

挥汗滋润
泣血剪裁
今日
你凌厉盛气
他暗怨憋气

信马由缰
蔓枝东西
明日
他悔不服气
你痛不咽气

2020.03.04

春声

一串春雷的弹坑
背景却是
那段清清的童声

一片硝烟的弹痕
背影总是
那段甜甜的稚嫩

你想拉黑
这个打乱的年轮
我却要
刻出花开第一春

春奇

绕不开棘
跨不过歧
一到开花便恣意
今朝难解青春期

约好情激
约好志励
谁知所有设计
彩头都是奇

2020.10.15

宝宝望月

十一点
午夜
宝宝来电
为说月的再见
惊断车载连线

月出来了
像饼干一片
好香
好甜

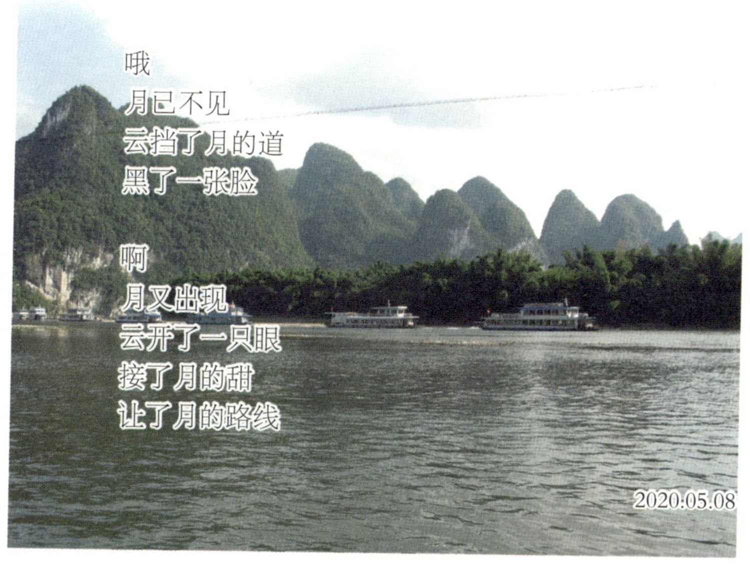

哦
月已不见
云挡了月的道
黑了一张脸

啊
月又出现
云开了一只眼
接了月的甜
让了月的路线

2020.05.08

怒·火

怒
总在冲过之后
才赶来制

火
总在烧过之后
才赶来防

迟到
不是时钟走样
而是宇宙毁掉
抬头
不见云霄
低头
只剩泥沼

半赛

生命只有半赛
奥运才数金牌
多少桂冠剪裁
只记
好汉不服
英雄再来

谁说
三年走不出淘汰
九载跨不过挫败
人生从无决赛
除非
垂头丧气拆台
一场中考
一场高考
都是
春风竞拍
春花竞开
精彩不在谁落筛
风采只看谁上台

2020.10.31

中考

梦想
输不起首场禁赛
青春
消不起首张红牌
一场中考淘汰
半场人生落败

休讨
最后再来加赛
休说
星月随时可摘
麦城
败成迷宫
跌跌撞撞出来
人生只剩
终场落幕的表演赛

2020.05.24

收寄

风暴前夕快递
遥寄一片鹅羽
小哥夜接生意
却道
小区安息
揽件难提

栅栏
还剩缝隙
樊篱
也可比翼

唇语
虽已灯熄
心底
还听呼吸

如何不能
约她约你
风中雨中珍惜

2020.05.21

蝶泳

是否
激流怒涛的生气
只是蝶泳
激情四射的朝气
是否
险滩暗礁的幽灵
才能蝶变
阳光灿烂的精灵

为什么
你的雨露目光远行
我的泥泞时光难行
暗寄的礼品
只是
笑着就有运
活着就是赢

父亲节

耕犁
不是脚下的名
而是肩头的义
失去的年纪
流尽的花期
只在
一个家国的站立

2020.06.21

扫码

读我
已是无价
留香
可以扫码
我在
你眉间打卡
你在
我心间安家

2020.06.26

约志

眺望塞满渡口
顾盼写进回首
三年同舟
风雨
浇铸千年桥头

对准拉链锁扣
对齐夙愿壮酬
约你
直向同窗尽头
约你
再走少年春秋

2020.07.06

河石

考场河道是条沟
窄得不容
偷点悠
牵个手
只留一个罄口
力争上游

一人河水中游
一家河上摇舟
风浪
不是沉浮借口
忧愁
只够起伏加油

书包
千古泰山石头
一只肩头
一门心头

2020.07.06
2020.08.05 修

战标

——悼友

站立
一面竖写的战旗
飘着
二十五个冬夏奇迹

躺下
一笔横书的标记
闪着
五十二个春秋传奇

永别

——悼友

沙场荒
夙敌远
硝声散尽雨埋烟
送君彩云间
月宫再相见

2020.07.17

刀手

或许
没死于
病魔的磨刀
却亡在
庸医的补刀

或许
甩得开
沉疴的毒手
躲不去
良医的失手

2020.07.17

书签

——孩儿晨示老师所赠书签，镶名定制。初中三年，师生、家校风雨兼程，征途唯余一考……感此而作，谨以为谢。

你定制
每张笑脸的名字
我定位
每座恩山的故事
想要
标注书眼的位置
却见
长此顾盼的凝视

课间

——孩儿初中最后一课，师生同窗，风雨相依，即将换舟改楫……

三年
装得下
书声与共的课间
装不下
风华相望的眉眼

过去
过得去
一览众小的山尖
过不去
一望无际的心间

送考

走向
这个沙场
纸上
取走远方
昨天
汗滴山冈
今朝
定制徽章

走出
那个战场
自云
已过翅膀
背景
各有气象
风景
舞台中央

2020.07.19 中考前夕

宣判

法槌
明天敲响
悲喜
挂在天上
乌云微透阳光
雨雾渐去他方

希望
绝望
祈望
眺望
笔尖一声惊堂
家长
德榜
师长
功坊
数字一笔定妆

2020.08.04
2020.08.05 修

分数

数字
是最大的法场
宣告
何处舞台
谁站中央

2020.08.04
2020.08.05 修

床庭

床是惊堂木做的
躺上要惊心
沙发是法椅做的
坐上会惊醒
只因
床是明天的庭
庭是今天的床
今享葛优躺
麦城明收场

2020.08.04
2020.08.05 修

诗缘

——《诗云一片》跋

没想到，诗是平生第一张书签，而这却缘于40年前的今天。

1980年6月6日，不是一张日历、一个故事，而是一个事件，一个与诗结缘的开始。

那天，是兄长的一个字，凑足一笔“巨资”，让我买下980页的一部巨著。由此，我至今都在温暖中沉醉，也在一事无成中惭愧。

那时，兄在同济医学院，读大二；我在父亲生前工作过的省安装公司，当电工学徒。我们两兄弟都患肝炎。终年被哮喘煎熬、一身病痛的母亲那时尚在人间，搏命撑起风雨中的家。如以往一样，兄从自学的中医中找偏方，医药自理。母亲煮好黄豆，做食疗，由我乘车从武昌送到汉口。兄离毕业还有大半学业，但全家同舟共济，满怀希望。

兄接到药，然后送我归。寝室离航空路车站，曲折两里。快到车站处的十字路口，有一书店，不大，却是我们心中最大的磁铁。

我俩被吸了进去，他浏览医学，我流连文学，主要都是过眼瘾。突然，柜台后的书架最高处，一本几指厚的《汉语诗律学》映入眼帘。我知道很贵，不敢觊觎。但行尽注目礼，也不忍想要一看。营业员厚道，取下让我过瘾。这是王力先生的鸿篇巨制，因那时正潜心自学其主编的北大教材《古代汉语》，深仰其人，深敬其书，虽仅初中资本。

“多少钱?”不知看了多久，兄在背后小声问。

“买不起，4块6!”我悄声答。

“……嗯……想不想?”兄看着我的眼，停了一下，问。

“嗯。”我低下头，负罪感让我不能抬眼。

也许，是“一言既出”闯的祸，顿觉四周鸦雀无声。

“买!”突然，兄小声咬牙说，伸手探向口袋。

“啊？……”我抬头望他，果断坚决，立即也莫名地誓死如归起来，也开始跟着伸手口袋，掏尽所有，准备半月绝食。

那时，父亲故去近两年，一家五口原本靠单位每月救济20元生活费，以补足人均10元的城市最低生活标准，而现在，我的20多元学徒工资，却是家中唯一生活保障。好在姐在四处做临工；妹辍学回家，在风雪中缝纫锁边；母亲“夏卖冰棒春秋卖茶”，还在开发冬卖米酒的地摊营生，继续在餐馆垃圾堆里捡炭（煤渣）、菜市场垃圾堆里捡菜。只是，裹腹尚愁，病痛难顾，多人多病面前，一家人生活举步维艰。

“不够，凑不起……”

“回校，寝室借!”兄说。

兄本入厂工作，却逢恢复高考，走出几十年的家庭成分阴霾，终可扬眉一搏，结果一举考取。机遇与困苦同在，如何抉择？烦恼再三，还是弃薪进校。残疾一生的伯父勇当养父，倚靠终身修鞋手艺供给。父亲因此带着些许的慰藉，告别这个世界。

兄带我回校，向同学借，凑足这笔几近半月生计的书款。

这是平生最贵的书，载着严冬风雪的温暖；这是此生最大的“书债”，倾我一生也难还贷。

一回家，我便找张牛皮纸，精心包好，并用当时试创的书体题上书名。

后来，这部书伴着自学，伴着备考，伴着高攀大学，一路恩贵降福，人生破晓。

深圳是一座激情的城市，让灰烟燃出红火。

记得初二时，老师曾对母亲说，我灰得“像个小老头”，确实。

长期以来，不知为何，内心总在与诗纠缠、与句纠结，静静地、默默地，梦想文字的最佳，经典的无涯，前无古人的表达。然而，生存无法将时间一把米粒苟且抛撒，于是，无形中，总是片言对只语，残句对断章，碎片一地，泛滥成灾。

尤其是 1994 年，幸蒙贵人错识，8 分邮票闯深圳，从华中师范大学到深圳电视台，开始随后别样的“媒边化缘，诗文扫地，无心插柳，滥竽成丘”的人生。

然而，每天，诗在脑海中游走，却从没游过半只枕头。写了一片，落了一地，读者总是自己。而且，仅是彼时彼处的唯一，一转身就是不再相见的陌路。没想到博钱沽酒乘兴，博名买云换天，只是共沉箱底，就像一堆家具垫脚。

如果不是 2019 年 7 月，师生群发起一次诗会倡议，也许，我的这些沉箱垫脚之物仍如墓冢，自己都会淡忘。那天，有人倡议以诗会友，师生聚会，我下意识地附议支持，不想却自陷提诗助兴的雅境。于是才有了奉诗吴俊忠教授聊博一哂的缘起。

教授阅后深表肯定，建议整理出版，主动提出由他自己并邀著名诗人、剧作家从容同学共同作序，足见扶掖提携之心。

吴教授是俄苏文学及比较文学研究专家，也是我们研究生课程班的班主任，出版专著10多部，经常应邀在深圳市民文化大讲堂等各类讲坛做社科普及演讲，有广泛的社会影响，是我们大家公认的好师长。多年来，每次与他相见交谈，都是一次重归课堂，都会暗叹“与君一席话，胜读十年书”。

然而，我们之间的师生之谊却如一泓清泉。一直以来，相聚不外文学、文化，相谈不外书籍、写作。每次，他带来的不是新作，就是新知、新论，总用行动激励、鞭策大家。10多年前，他曾在一次小聚时建议我说：“照顾好孩子家庭的同时，腾出一些时间，写些东西！”让我心中为之一动，激情涌起。

正因如此，才有眼下的集腋成裘。吴教授不仅是我诗歌的第一审鉴者，而且是化“冢”为“景”的发掘者、浇灌者！

此次结集，为来深圳后1995年以来部分诗作，除极个别外，送审之前从未开封，似如陈醋，愿如老酒。但愿：

几秒的游走
唤起几分的回眸
些许的顾盼
消去几许的清愁

感谢暨南大学教授、博导、教育部中文学科教学指导委员会副主任、国家社会科学基金评审委员会委员、广东省作家协会主席蒋述卓先生题签为帆，浓笔润我济诗海。

感谢原深圳大学文学院教授、比较文学与比较文化研究所副所长、广东省比较文学研究会理事、深圳市作家协会理事吴俊忠先生以序为舟，一海相送开舵航。

感谢广东省戏剧家协会副主席、深圳市文联兼职副主席、深圳市戏剧家协会荣誉主席、中国诗歌学会理事、国家一级编剧、诗人从容女士诗引万里，一字醍醐冠书名。

感谢《星星》诗刊倾力编辑，尤其是中国诗歌学会理事、国家一级作家、《星星》诗刊副主编、编审，著名诗人李自国先生亲自捉刀，不遗余力点石成金！

感谢阳光出版社编辑老师为铸精品斧斫缺憾、补苴罅漏!

感谢读者，清赏：

一片清冽的词句
曾随其萍与缘
如此相遇、聚散、离合
一堆淡漠的元素
曾伴其脉与情
如此跳跃、生灭、清活

2020年6月6日